FRANÇOIS JOUFFA & FRÉDÉRIC POUHIER

TU SAIS QUE TU AS 50 ANS (OU +) QUAND...

AVANT-PROPOS

Vous avez la cinquantaine, le bel âge ! Enfin, le bel âge si on en croit les sexagénaires. Les jeunes de 20 ans, eux, vous prennent déjà pour un vieux, un grand-père ou, au mieux, un retraité ! Je sais, ça fait mal.

Pourtant, à 50 ans, on se sent toujours un peu comme un gamin. Un gamin qui, bien qu'ayant un travail, des responsabilités, une famille, ne peut s'empêcher de retomber en enfance devant une rediffusion du *Manège enchanté* à la télévision ou en tombant, par hasard, dans le grenier de ses parents sur son premier jeu vidéo, Pacman.

Au fil de ces quelques pages, c'est une balade à travers les méandres de votre passé que nous vous proposons. De l'humour, de la nostalgie, et énormément de souvenirs.

F.P.

TU SAIS QUE TU AS 50 ANS QUAND...

- ... tu as l'impression d'en avoir 40.
- ... tu commences à dire « à mon époque »...
- ... tu quittes le stade avant la fin du match pour éviter la foule.
- ... tu es heureux de passer un samedi soir tranquille à la maison.
- ... tu es excité d'avoir acheté un nouveau matelas.

CITATION

« Quand j'étais jeune,
on me disait :
"Tu verras quand
tu auras 50 ans."
J'ai 50 ans et je
n'ai rien vu. »

Éric Satie

RESTONS POSITIFS

50 ANS, CE N'EST PAS SI VIEUX POUR :

- Un arbre.
- Un vin de Bordeaux, mais il ne faut quand même pas tarder à le boire.
- Devenir président de la République.
- Une voiture de collection, mais il ne faut la sortir que le dimanche.
- Entrer à l'Académie française.

SOUVIENS-TOI, TU AVAIS DÉJÀ LA VINGTAINE QUAND...

- La Haute-Volta est devenue le Burkina-Faso.
- Le petit Grégory a été assassiné.
- *SOS Fantômes* et *Terminator* étaient sur les écrans.
- Ronald Reagan a été réélu président des États-Unis.
- Apple a lancé le Macintosh.

SI TU RACONTES ÇA À DES JEUNES, ILS NE TE CROIRONT JAMAIS !

- Tu as envoyé ton premier mail à 30 ans.
- Tu roulais sans ceinture de sécurité.
- Tu as été un des premiers à t'acheter un caméscope mais tu ne t'en es quasiment jamais servi.
- Tu séchais les cours pour aller jouer au flipper.
- Tes livres d'école étaient protégés par un bout de vieille nappe en plastique.

CITATION

« L'âge, c'est juste
un chiffre. Il n'a aucune
espèce d'importance,
sauf si tu es une
bouteille de vin. »

Joan Collins

QUIZ TÉLÉ DES ANNÉES 80

Comment s'appelait l'émission de télévision présentée par Eddy Mitchell de 1982 à 1998 ?

a) *Ciné Dimanche*

b) *La Chance aux chansons*

c) *La Séquence du spectateur*

d) *La Dernière Séance*

(Réponse : d)

BONNES RÉSOLUTIONS

5 BONNES RÉSOLUTIONS À PRENDRE DEPUIS QUE TU ES QUINQUA

1. S'abonner à un club de sport et ne pas abandonner après seulement une séance.
2. S'abonner à un club de sport et ne pas abandonner après seulement deux séances.
3. S'abonner à un club de sport et ne pas abandonner après seulement trois séances.
4. S'abonner à un club de sport et ne pas abandonner après seulement quatre séances.
5. S'abonner à un club de sport et ne pas abandonner du tout.

SOUVIENS-TOI, TU AVAIS DÉJÀ LA TRENTAINE QUAND...

- MC Solaar était une star du rap.
- Robert Hue dirigeait le Parti communiste.
- Nelson Mandela est devenu président d'Afrique du Sud.
- Le tunnel sous la Manche a été inauguré.
- Le Brésil est devenu champion du monde de foot aux États-Unis.

SONDAGE

As-tu toujours une aussi bonne vue qu'à 20 ans ?

- Oui.
- Non.
- Bien sûr, j'arrive même à lire ce livre de cuisine sans lunettes.

À MÉDITER

Pour toi la retraite
est à l'horizon.
Mais souviens-toi que
l'horizon est une ligne
imaginaire qui recule
au fur et à mesure
que l'on avance.

5 CHOSES FRUSTRANTES QUAND ON A 50 ANS

1. Être à la fois trop jeune et pas assez vieux pour avoir des réductions dans les transports en commun et dans les musées.
2. Avoir de l'argent mais trop de travail pour le dépenser.
3. Avoir terminé ses études depuis longtemps mais être obligé de payer celles de ses enfants.
4. Être expérimenté dans son travail mais trop cher pour être débauché par la concurrence.
5. Avoir de l'argent dans sa poche mais aussi dans ses cheveux.

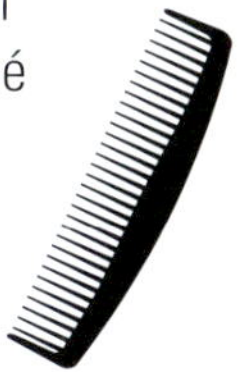

SI TU RACONTES ÇA À DES JEUNES, ILS NE TE CROIRONT JAMAIS !

- Le Yoyo était le jouet le plus cool dans la cour de récréation.
- Tu mangeais des barres chocolatées de la marque Yes.
- Quand tu étais jeune, les actrices de film pornographique n'étaient pas épilées.
- Tu as eu des télévisions aussi grandes que larges.
- Tu as acheté un lecteur de laser disque une petite fortune, et cette technologie a été remplacée par les DVD l'année suivante.

LES GRANDES INNOVATIONS

En 1981, tu as vu apparaître le TGV, grande invention française permettant aux voyageurs d'arriver plus vite en retard.

QUIZ TÉLÉ DES ANNÉES 80

Contre qui Yannick Noah a-t-il gagné la finale de Roland Garros en 1982 ?

a) Henry Leconte

b) John McEnroe

c) Ivan Lendl

d) Mats Wilander

(Réponse : d)

TU SAIS QUE TU AS 50 ANS QUAND...

- ... la vendeuse de chez Sephora te refile des échantillons d'antirides.
- ... tu peux passer 4 heures dans une grande surface de bricolage sans t'ennuyer.
- ... tu arrives à lire le journal sans lunettes, mais seulement en le tenant à bout de bras.
- ... la plupart de tes cheveux sont blancs.

LA CINQUANTAINE, C'EST QUAND MÊME VIEUX POUR…

1. Commencer des études de médecine.
2. Faire un caprice pour aller faire du manège à Disneyland Paris.
3. Porter un pantacourt, même s'il n'y a pas d'âge pour porter des pantacourts.
4. Vivre en colocation.
5. Écouter Difool sur Skyrock.

À MÉDITER

« La jeunesse
est une ivresse
sans vin et
la vieillesse, un vin
sans ivresse. »

CITATION

« La vieillesse
n'empêche pas les hommes
de courir après les femmes.
Mais ils ne se souviennent
plus pourquoi. »

Jenny de Souza

TE SOUVIENS-TU DES BLAGUES CARAMBAR ?

Pourquoi n'y a-t-il pas de corbeille dans les piscines ?

Parce que la corbeille à papier.

(Je sais, c'est consternant.)

C'EST CULTE !

5 RÉPLIQUES DE FILMS CULTES POUR TOI

1. « C'est pas fini tant que la cloche n'a pas sonné ! » *Rocky*
2. « Oh pour celui-là plus rien à faire. Vous avez qu'à dire aux parents d'en faire un autre ». *PROFS*
3. « Patron, t'as vraiment le plus beau cul de tout le commissariat. » *Le Flic de Beverly Hills*
4. « Les tétines, normales ou à trois vitesses ?
– Ah bon, il y a trois vitesses ? »
Trois hommes et un couffin
5. « Je n'aime pas dire du mal des gens mais effectivement, elle est gentille. »
Le Père Noël est une ordure

TO DO LIST

LES 5 CHOSES QUE TU T'ÉTAIS JURÉ DE FAIRE AVANT 50 ANS MAIS QUE TU N'AS JAMAIS FAITES

1. Devenir célèbre ailleurs que dans ton immeuble.
2. Sauter à l'élastique.
3. Reprendre tes études.
4. Te mettre au sport.
5. Faire un plan à trois (mais chut, ta femme n'est pas au courant).

XXX

AVANT / MAINTENANT

Quand tu étais jeune, tu avais le choix entre 4 parfums de glaces : chocolat, vanille, pistache et café.

Maintenant, il y en a 200 de disponibles. Je te conseille pour ma part les glaces papaye- anchois sans gluten.

TU SAIS QUE TU AS 50 ANS QUAND...

- ... tu as eu des mazagrans pour boire le café.
- ... tu as fait du sport devant la télé en regardant Véronique et Davina.
- ... tu avais un bidet dans ta salle de bains.
- ... tu as déjà utilisé le télétexte sur ta télévision.
- ... tu as roulé en Renault Supercinq.

SI TU RACONTES ÇA À DES JEUNES, ILS NE TE CROIRONT JAMAIS !

- À l'école, tu respirais de la colle Cléopâtre pour être stone.
- Lorsque tu voulais courir en écoutant de la musique, ton lecteur CD portable sautait tout le temps.
- Tu n'avais qu'un téléphone fixe à la maison et tu avais peur que tes parents écoutent tes conversations sur un autre combiné.
- Michel Drucker faisait déjà de la télé quand tu étais jeune.
- Les vidéos clips n'existaient pas quand tu étais ado.

CITATION

« Plus j'avance en âge, plus je me connais. Plus je me connais, moins je m'apprécie. Moins je m'apprécie, plus je me méfie de moi. Plus je me méfie de moi, moins je me méfie des autres. Cherchez l'imprudence. »

Philippe Bouvard

TU SAIS QUE TU AS 50 ANS QUAND...

- ... tu as mal au dos, comme ça, sans raison.
- ... ton pharmacien connaît ton prénom.
- ... tu as encore, au fond de ton armoire, des chemises à jabot.
- ... tu utilises toujours des albums photos papier.
- ... une conversation entre ados est pour toi aussi incompréhensible que des hiéroglyphes sur la pyramide de Gizeh.

6 PREUVES QUE TU ES ENCORE UN GAMIN OU UNE GAMINE MALGRÉ TON ÂGE

- Tu caches encore à tes parents que tu fumes.
- Tu joues avec la console de jeux de ton fils quand il est à l'école.
- Quand ton morceau préféré passe à la radio, tu montes le son et danses seul(e) devant ton miroir.
- Tu empruntes les robes de ta fille. (Si tu es son père, tu n'es pas resté jeune, tu es juste un psychopathe, vas consulter.)
- Tu as toujours des chagrins d'amour comme quand tu étais ado.
- Tu adores éclater du papier bulle.

5 PHRASES QUE TU AS PRONONCÉES QUAND TU ÉTAIS JEUNE

- « Tu as la télé couleur, toi ? Ouah la chance ! »
- « Tu as regardé *Starsky et Hutch* dimanche dernier ? »
- « Super ta mobylette ! C'est une Motobécane ? »
- « Tu as acheté le 45 tours de Patrick Hernandez ? »
- « Les pantalons pattes d'eph' ne se démoderont jamais. »

CITATION

« Ne me
demandez pas
mon âge, il change
tout le temps. »

Alphonse Allais

QUIZ TÉLÉ DES ANNÉES 70

Comment s'appelait le bateau dans la série *La croisière s'amuse* ?

a) Le *King of Caraïbes*

b) Le *Pacific Ocean*

c) Le *Pacific Princess*

d) L'*Ocean Blue*

(Réponse : c)

6 MARQUES QUE TU AS CONNUES ET QUI ONT MAINTENANT DISPARU

LES SUPERMARCHÉS **FÉLIX POTIN**

LE PSCHITT **CITRON**

LE SAVON **LUX**

LES CHEWING-GUMS **SPRING-GUM**

LES YAOURTS **CHAMBOURCY**

LES HYPERMARCHÉS **CONTINENT**

TU SAIS QUE TU AS 50 ANS QUAND...

★ ... tu arrives à faire des mots croisés sans tricher.

★ ... tu découvres le ski de fond aux sports d'hiver.

★ ... tu ne comprends pas ce que signifie l'expression « Yolo ».

★ ... tu te plains de payer trop d'impôts.

★ ... tu as une armoire à pharmacie pleine à craquer dans ta salle de bains.

TÉMOIGNAGE D'UNE QUINQUAGÉNAIRE

« Ce matin, je me suis réveillée, j'ai levé les bras et là, *crac !* J'ai plié les genoux et *crac !* J'ai tourné le cou, *crac* à nouveau ! J'en suis venue à la conclusion suivante : plus on vieillit, plus on est craquante. »

MISE AU POINT

Je n'ai pas 50 ans !
J'ai toujours 20 ans
mais avec 30 ans
d'expérience !

HOT

QUI ÉTAIT VOTRE FANTASME DE JEUNESSE, MESSIEURS ?

- Brigitte Lahaie
- Mireille Darc
- Sylvia Kristel *alias* Emmanuelle
- Farrah Fawcett
- Wonder woman
- Les chanteurs de Village People

QUI ÉTAIT VOTRE FANTASME DE JEUNESSE, MESDAMES ?

- Tom Selleck
- Alain Delon
- John Lennon
- Patrick Juvet
- Sylvester Stallone

QUIZ TÉLÉ DES ANNÉES 80

Dans quelle série retrouve-t-on le personnage d'Hannibal Smith ?

a) *L'Amour du risque*

b) *Miami Vice*

c) *Colombo*

d) *L'Agence tous risques*

(Réponse : d)

RUBRIQUE BEAUTÉ

MADAME, COMMENT AVEZ-VOUS VÉCU L'APPARITION DE VOS PREMIÈRES RIDES ?

☐ Vous étiez dans le déni, ce ne sont pas des rides mais des cernes de fatigue.

☐ Vous vous êtes ruée chez *Sephora* pour dévaliser le rayon antirides.

☐ Vous avez tapé « Botox pas cher » sur Internet.

☐ Vous vous êtes dit qu'après tout, les rides donnent du charme et vous avez augmenté votre dose d'antidépresseurs.

☐ Vous n'avez pas de rides, vous n'aurez jamais de rides et la première personne qui vous fera remarquer que vous avez des rides finira à l'hôpital !

5 BONNES RAISONS DE SORTIR AVEC UNE FEMME DE 50 ANS

1. Elle ne veut plus avoir d'enfant.
2. Elle ne peut plus avoir d'enfant.
3. Aucun risque qu'elle tombe enceinte.
4. Ai-je mentionné le fait qu'elle ne puisse plus avoir d'enfant ?
5. Sinon, je ne vois pas d'autres raisons valables.

RASSURE-TOI !

Après 50 ans, on voit enfin la vie en rose :

Ostéoporose, arthrose, nécrose, névrose, fibrose, artériosclérose...

QUIZ TÉLÉ DES ANNÉES 70

Quel jeu de FR3 avait pour co-animateur Maître Capello ?

a) *Pyramide*

b) *Les Jeux de 20 heures*

c) *Des Chiffres et des Lettres*

d) *La Tête et les Jambes*

(Réponse : b)

RUBRIQUE BEAUTÉ

MONSIEUR, COMMENT AVEZ-VOUS VÉCU L'APPARITION DE VOS PREMIÈRES RIDES ?

- ☐ Vous vous en fichez.
- ☐ Vous ne les aviez même pas remarquées.
- ☐ Vous préférez avoir des rides plutôt que de perdre vos si beaux cheveux.
- ☐ Vous n'avez pas de rides mais des rayons de soleil sur le côté des yeux.
- ☐ Vous volez en cachette l'antirides de madame, mais ne lui dites pas, ça ne fait pas très viril.

TU SAIS QUE TU AS 50 ANS QUAND...

★ ... tu as déjà porté un bandana (ne nie pas !).

★ ... tu regardais la série *Pause Café* avec Véronique Jannot.

★ ... tu as fait ton service militaire.

★ ... à l'école, tu écrivais sur une ardoise.

★ ... tu as installé des volets électriques chez toi parce que c'est quand même moins fatigant.

SI TU RACONTES ÇA À DES JEUNES, ILS NE TE CROIRONT JAMAIS !

- Tu as déjà envoyé une lettre d'amour pour draguer.
- À ton époque, avoir le bac te permettait de trouver un bon travail.
- Le seul jeu disponible sur ton premier téléphone était Snake.
- À la maison, il était impossible d'utiliser Internet et de téléphoner en même temps.
- On fumait sur les plateaux de télévision, dans les restaurants, les trains, les avions... partout, quoi !

AVANT / MAINTENANT

Avant, pour appeler les renseignements, on composait le **12**.

Maintenant, on compose le **118 228**, non, **118 236**, non, **118**... Bref, on cherche le numéro sur Internet.

LES 5 PHRASES QUE N'ENTENDRONT JAMAIS LES JEUNES

1. « T'es dans l'annuaire ? »
2. « Sur ce disque, la face B est bien mieux que la face A ! »
3. « Tu connais quelqu'un qui vend des décodeurs pirates pour Canal + ? »
4. « Tu veux pas changer de chaîne tant que tu es debout ? »
5. « Je n'ai pas encore fait développer la pellicule. »

LA RICHESSE À 50 ANS

À 50 ans, tu as...

... de l'argent dans les cheveux ;
... de l'or dans les dents ;
... des cailloux dans les reins ;
... du sucre dans le sang ;
... du fer dans les articulations ;
... du plomb dans les pieds.

Et à 50 ans tu es également une source inépuisable de gaz naturel.

CITATION

« Vieillir est encore le seul moyen qu'on ait trouvé de vivre longtemps. »

Sainte-Beuve

QUIZ DES ANNÉES 70

Dans quel théâtre était tournée l'émission *L'École des fans* ?

a) Le théâtre des Variétés

b) Le théâtre de l'Empire

c) Le théâtre des Champs-Élysées

d) À l'Olympia

(Réponse : b)

TU SAIS QUE TU AS 50 ANS QUAND...

- ✔ ... tu trouves que 60 ans, ce n'est pas si vieux.
- ✔ ... tu as des vilains dessins de tes petits-enfants sur le frigo.
- ✔ ... tu as l'âge auquel tu trouvais déjà tes parents vieux.
- ✔ ... tu as de plus en plus de mal à atteindre tes orteils pour te couper les ongles.
- ✔ ... tu sais ce que sont un urologue et un gastro-entérologue.

TU SAIS QUE TU AS 50 ANS QUAND...

- ★ ... tu as déjà prononcé la phrase : « Les jeunes, ce n'est plus ce que c'était ! »
- ★ ... tu as déjà bu du Pacific, le pastis sans alcool.
- ★ ... tu as eu une vignette sur ta voiture.
- ★ ... tu as lu les aventures de François, Mick, Annie, Claude et de leur chien Dagobert dans *Le Club des Cinq*.
- ★ ... tu as regardé *Les Visiteurs du mercredi* avec le dessin animé *Félix le chat*.

C'EST RINGUE !

Les 6 expressions les plus ringardes des années 70/80 :

1. Tu me files un coup de bigophone.
2. Ça boom ?
3. C'est tip-top.
4. C'est parti mon kiki.
5. Give me five.
6. Tu l'as dit, bouffi !

LISTE DES PAYS QUE TU AS CONNUS ET QUI ONT MAINTENANT DISPARU

- La République démocratique allemande (1949-1990)
- Le Bechuanaland, devenu le Botswana (1966)
- La république du Biafra, ancien État sécessionniste du Nigeria (1967-1970)
- Le Nyassaland, devenu le Malawi (1964)
- La Rhodésie du Nord, devenue la Zambie (1964)
- La Rhodésie du Sud, devenue le Zimbabwe (1964)

✘ La Tchécoslovaquie, devenue la République tchèque et la Slovaquie (1992)

✘ La Yougoslavie (1929-2003)

✘ L'URSS (1922-1991)

LES 6 MOMENTS OÙ TU AS PRIS UN COUP DE VIEUX

- La première fois où on t'a cédé une place assise dans le bus.
- Le jour où tu as acheté un lit inclinable.
- La première fois où tu as répondu par ton année de naissance quand on t'a demandé ton âge.
- Le jour où tu as bu une bière sans alcool.
- Le jour où ton petit-neveu de 5 ans t'a donné un cours d'informatique.
- Quand tu as reçu une convocation pour un dépistage du cancer colorectal.

CITATION

« 50 ans,
c'est l'adolescence
avec une carte
bleue. »

Florence Foresti

QUIZ TÉLÉ DES ANNÉES 70

Comment s'appelait le dessinateur dans l'émission *Le Petit Rapporteur* ?

a) Willem

b) Piem

c) Cabu

d) Cavana

(Réponse : b)

SI TU RACONTES ÇA À DES JEUNES, ILS NE TE CROIRONT JAMAIS !

- Tes parents t'ont offert des cigarettes en chocolat.
- Michel Leeb faisait des sketchs limite racistes sur les Africains à la télévision.
- Tu as organisé des soirées diapos pour montrer tes photos de vacances.
- Le moment le plus érotique de ta journée était la playmate de l'émission *Cocoricocoboy*.
- Tu utilisais des disquettes souples de 5 pouces ¼ qui stockaient jusqu'à 320 ko.

6 GALÈRES QUE NE CONNAÎTRA JAMAIS LA NOUVELLE GÉNÉRATION

1. Devoir acheter le journal pour voir quand passe le film qu'on veut voir au cinéma.
2. Devoir effacer la K7 vidéo d'un film qu'on aime pour enregistrer un film qu'on aimera, peut-être.
3. Attendre des heures que la chanson qu'on aime passe à la radio pour l'enregistrer sur cassette. En priant pour que ce crétin d'animateur ne parle pas dessus.
4. Tenter de découvrir sa sexualité en feuilletant les pages lingerie du catalogue La Redoute.

5. Se rendre compte, en revenant de vacances, que les photos qu'on a prises sont complètement ratées.

6. Rembobiner des cassettes audio avec un stylo pour ne pas user les piles de son walkman.

AVANT / MAINTENANT

Avant on écrivait nos statuts Facebook directement sur le bureau en bois de notre salle de classe.

TU SAIS QUE TU AS 50 ANS QUAND...

- ... tu as bu du Banania au petit déjeuner.
- ... ton premier téléphone avait un cadran rotatif.
- ... tu as déjà appuyé en même temps sur REC et PLAY pour enregistrer une K7.
- ... tu as connu les speakerines à la télévision.
- ... tu as connu les publicités *El Gringo* de Nescafé.

ÇA URGE !

ENCORE CÉLIBATAIRE À 50 ANS, QUE FAIRE ?

- Inutile de t'inscrire à *Tournez Manège*, l'émission n'existe plus depuis trente ans.
- Inscris-toi, par contre, à l'émission *L'amour est dans le pré* (si tu n'es pas agriculteur il est fortement conseillé d'acheter une ferme avant de postuler).
- Ne fais rien, et profite de ton célibat.
- Inscris-toi sur un site de rencontres. Et surtout, mens sur ton âge.
- Rappelle toutes tes ex, mais demande-leur si elles ou ils n'ont pas trop grossi depuis votre rupture.

LES SLOGANS PUBLICITAIRES DE TA JEUNESSE

La Hollande, l'autre pays du fromage.

Saint-Yorre, ça va fort !

Vahiné, c'est gonflé.

Heineken, la bière qui fait aimer la bière.

Il fait trop chaud pour travailler.
(Pulco)

QUIZ DES ANNÉES 80

Comment s'appelait la voiture de Bo et Luke dans la série *Shérif, fais-moi peur* ?

a) General Lee

b) General Grant

c) Titine

d) Tornado

(Réponse : a)

BLAGUE RÉTRO

LES BLAGUES À TOTO

Toto, 5 ans, est en train de jouer avec sa petite sœur de 2 ans, Nini. Soudain, Toto se précipite en hurlant dans la cuisine où sa mère prépare à manger. Sa mère s'inquiète et lui demande :

« Qu'est-ce qui se passe, Toto ?

— C'est Nini qui m'a tiré les cheveux.

— Il ne faut pas en vouloir à ta petite sœur, tu sais, elle ne sait pas que ça fait mal. »

Toto repart jouer. Un peu plus tard, la maman entend les pleurs de la petite Nini, elle va voir dans le salon et Toto lui dit : « Maintenant elle sait ! »

LES JOUETS DE TON ENFANCE

- ***Le 1000 Bornes***. Le jeu de simulation de conduite le plus ennuyeux de toute l'histoire des jeux.
- ***La marchande***, quand tu rêvais de devenir caissière (ou caissier, mais c'est moins courant).
- ***Le mot le plus long***, la boîte de jeux des *Chiffres et des Lettres*.
- ***Le Subbuteo***, ou comment jouer au foot en faisant des pichenettes.
- ***Le Cluedo***. Mais qui a tué le Docteur Lenoir dans la cuisine ?

Rassure-toi, certains existent encore !...

COMBIEN ÇA COÛTAIT EN 2002 ?

- Le litre de gasoil : **5,05 francs**
- Une coupe de cheveux : **75 francs**
- La carte Orange : **291 francs par mois**
- Un paquet de cigarettes : **22 francs**
- Une baguette de pain : **2,80 francs**

QUIZ TÉLÉ DES ANNÉES 70

Quel était le prénom du Renard dans *L'Île aux enfants* ?

a) Casimir

b) Hippolyte

c) Léonard

d) Raymond

(Réponse : c)

LES SLOGANS PUBLICITAIRES DE TA JEUNESSE

Bonne comme la campagne. (Épi d'or)

Quand y'en a marre, y'a Malabar.

Paul, une Tourtel !

Meule d'or, si je t'attrape,
je te mords !

Pimousse, petit, mais costaud !

LE CHANGEMENT, C'EST MAINTENANT

LES 5 CHOSES QUI ONT CHANGÉ EN TRENTE ANS DANS TA VIE D'HOMME

1. Quand tu dragues une fille de 20 ans, elle appelle la police.
2. Avant tu fréquentais une salle de sport pour draguer. Maintenant c'est pour maigrir.
3. Avant tu étais un employé maltraité par ton chef. Maintenant tu es un chef qui maltraite ses employés.
4. Avant tu râlais contre le gouvernement car trop à droite, maintenant tu râles contre le gouvernement car trop à gauche.
5. Avant tu te teignais les cheveux pour paraître cool, maintenant tu te teins les cheveux pour paraître jeune.

LE POINT COMMUN

Quel est le point commun entre les hommes de 50 ans qui fréquentent les bars pour célibataires ?

➥ Ils sont tous mariés.

AVANT / MAINTENANT

Avant, nous devions attendre 20 h 30 pour connaître les prévisions météorologiques d'Alain Gillot-Pétré.

Maintenant, notre téléphone nous indique la météo, heure par heure.

TU SAIS QUE TU AS 50 ANS QUAND...

- ... tu peux chanter la chanson de la publicité *Prosper le roi du pain d'épice*.
- ... tu prends à nouveau des vacances hors des périodes de congés scolaires.
- ... tu connais les bienfaits de l'aquagym.
- ... tu utilises encore le mot *balles* pour parler d'euros. T'as pas 100 balles ?
- ... tu ne comprends pas comment fonctionne Twitter.

TRUCS & ASTUCES

COMMENT ÉVITER À TOUT PRIX QUE L'ON TE SOUHAITE TON ANNIVERSAIRE

★ Pars sur une île déserte ou en Picardie, bref, dans un endroit où il n'y a aucune civilisation.

★ Fâche-toi avec tous tes amis une semaine avant la date de ton anniversaire.

★ Change d'identité et pars vivre en Uruguay.

★ Prends exemple sur Xavier Dupont de Ligonnès, fais le vide dans ta famille.

★ Prétexte une allergie aux gâteaux d'anniversaire et aux bons sentiments.

QUIZ TÉLÉ DES ANNÉES 80

Quelle chaîne de télévision voit le jour le 4 novembre 1984 ?

a) M6

b) Canal Jimmy

c) Canal +

d) France 5

(Réponse : c)

BLAGUE

Un gamin demande à son grand-père :

« Papy, c'est vrai que tu étais général de division ?

— Oui, pendant trente ans ! répond fièrement le grand-père.

— Cool, tu vas m'aider à faire les miennes, j'ai interro de maths demain. »

TU SAIS QUE TU AS 50 ANS QUAND...

- ... tu regardais la série *Santa Barbara* en dînant.
- ... tu as longtemps appelé : « petit a entouré » l'arobase.
- ... tu as déjà prononcé cette phrase : « Tu as pensé à prendre la carte routière ? »
- ... tu n'as pas déménagé un copain depuis bien longtemps.
- ... tu as détesté J.R. et plaint Sue Ellen.

QUOI DE NEUF, DOCTEUR ?

Les 5 choses que tu ne veux surtout pas entendre de la bouche d'un médecin :

1. À quand remonte votre dernière coloscopie ?

2. J'ai une bonne et une mauvaise nouvelles...

3. La dernière fois que j'ai entendu parler de cette maladie, on a dû abattre tout le troupeau.

4. Félicitations, vous allez être à nouveau papa. Si votre femme l'apprend, elle va vous tuer.

5. Vous êtes en pleine forme pour un homme de 60 ans !

CITATION

« Tout ce qui
est exquis
mûrit lentement. »

Arthur Schopenhauer

QUIZ DES ANNÉES 80

Qui devient chancelier en Allemagne en 1982 ?

a) Gerhard Schröder

b) Helmut Kohl

c) Helmut Schmidt

d) David Hasselhoff

(Réponse : b)

RUBRIQUE SANTÉ

Messieurs, 5 raisons de commencer un petit régime

- À 50 ans, les poignées d'amour se transforment vite en bouées d'amour.
- Votre taux de cholestérol est aussi élevé que le taux d'imposition depuis que la gauche est au pouvoir.
- Vous ne rentrez plus dans votre costume de mariage, ni dans votre femme.
- Vous êtes essoufflé après avoir monté deux étages à pied.
- Le vin, le cidre et la manzana ne comptent pas dans les cinq fruits et légumes par jour.

POURQUOI ?

Pourquoi les hommes n'ont-ils pas de période de crise à l'âge mûr ?

Parce qu'ils ne sortent jamais de la puberté.

SI TU RACONTES ÇA À DES JEUNES, ILS NE TE CROIRONT JAMAIS

- Tu as eu une collection de pins.
- Tu as dansé sur la *Danse des canards* dans tous les mariages et communions.
- Tu n'avais le choix qu'entre 5 sonneries sur ton premier téléphone portable.
- Un autoradio avec K7 autoreverse était le summum de la modernité.
- Jean Roucas était drôle dans le *Bébête Show*.

TU SAIS QUE TU AS 50 ANS QUAND...

- ... tu as déjà volé, en secret, l'antirides de ton épouse.
- ... tu as eu des bons points à l'école.
- ... tu te souviens de l'ami Ricoré.
- ... tu as rêvé devant les documentaires du commandant Cousteau.

CITATION

« Vous n'êtes jamais trop vieux pour vous fixer un autre but ou pour rêver un nouveau rêve. »

Aristote